오랜 밤 이야기

오랜 밤 이야기

김수영 시집

창비시선
201

차 례

제1부

책	8
팔걸이가 있는 낡은 의자	9
흰소가 오는 밤	10
오래된 여행가방	12
모래 속에 누워 있던 여자	14
구불구불한 낭하를 걷고 있는 고양이	15
열두 개의 빈 의자	16
은화 隱畵	18
검은 우물 2	19
모네가 그린 그림	20
무서운 똥	22
부패의 힘으로	24
고흐의 자화상을 걸어놓고	25
살아 있는 상처	26
물속의 달	28
야광주 夜光珠	30
백년찻집	32
고목나무샘	34
우포늪에 갔다	36
저 홀로 크는 나무	37
밭을 안고 있는 집	38

제2부

수국이 있던 연못	40
밤의 이야기	41
기찻길 옆 붉은 철대문집	42
우물 속의 구렁이	44
왕쥐 이야기	46
겨울밤	48
아버지와 나와 지렁이	49
통시에 빠진 돼지	50
한여름	52
오동나무 장롱 1	53
오동나무 장롱 2	54
오동나무 장롱 3	56
오동나무 장롱 4	58
오동나무 장롱 5	60
오동나무 장롱 6	62
오동나무 장롱 7	65

제3부

무지개 그림자 속을 날다	68
화석	69
붉은 등	70
정선선 기차	71

어머니, 용문사 은행나무 앞에 서다	72
감자	74
혜성을 꿈꾸며	75
용소 龍沼	76
침묵의 모서리	77
마술사	78
너는 누구냐	80
일몰의 누각	81
그의 일생	82
해금을 켜는 늙은 악사	83
무거운 수레	84
왕거미	85
비둘기	86
고래처럼 2	87
바닥에 누워 있는 사람	88
밤의 얼굴	89
늑대를 위하여	90
열려 있는 창	92
천사라 불리는 것	94
해설/양애경	95
시인의 말	109

제1부

책

 책을 한권 가지고 있었지요. 까만 표지에 손바닥만한 작은 책이지요. 첫장을 넘기면 눈이 내리곤 하지요.

 바람도 잠든 숲속, 잠든 현사시나무들 투명한 물관만 깨어 있었지요. 가장 크고 우람한 현사시나무 밑에 당신은 멈추었지요. 당신이 나무둥치에 등을 기대자 비로소 눈이 내리기 시작했지요. 어디에든 닿기만 하면 녹아버리는 눈. 그때쯤 해서 꽃눈이 깨어났겠지요.

 때늦은 봄눈이었구요, 눈은 밤마다 빛나는 구슬이었지요.

 나는 한때 사랑의 시들이 씌어진 책을 가지고 있었지요. 모서리가 나들나들 닳은 옛날 책이지요. 읽는 순간 봄눈처럼 녹아버리는, 아름다운 구절들로 가득 차 있는 아주 작은 책이었지요.

팔걸이가 있는 낡은 의자

저 위에서 얼마나 많은 사람들이
미소지었을까
진분홍 우단은 낡아서 나들거리고
너도밤나무로 만든
붉은 몸통은 삐걱거린다

젖먹이 동생을 무릎에 앉힌 어머니
팔걸이에 한쪽 팔을 얹고
어머니 양 옆에 서 있는 형제들
그들은 서로 다른 곳을 응시하며
웃고 있다

마치 광고 속의 영화배우들처럼

그 의자에 앉아 나는 그리워한다
오랫동안 서서히 건조시켜
돌처럼 단단해진
흔적으로 남은 생의 한 순간

흰소가 오는 밤

한때 젊은날을 보냈던
얼어붙은 호수 위에, 검은 구멍을 뚫어놓고
아버지 무엇을 기다리시나

얼음 속에서 솟아오르는, 흰 뿔 같은 정적

아버지 뒤로 하얀 그림자 우뚝 일어선다
누군가에게 길을 가르쳐주려는 듯
바람 세찬 쪽으로 띄워놓은 연잎 만발한 꽃처럼
아버지가 밟고 가는 얼음무늬들

깨졌다 다시 얼어붙으며
흰빛으로 가득 찬 얼음천지를 만들어내는 것은
아버지 눈 속에 숨은
바늘끝 같은 살얼음들이다
그 뜨겁고 환한 눈길에 온몸을 맡긴 듯

눈송이처럼 어디론가 끝없이 흩날리고 싶은 밤

마음에 숨긴 무수한 잔금들까지 얼어버린
아버지 돌아오신다
돌밭을 헤매듯 얼음투성이 마음속을 헤맨
정적 속에서 태어난 눈부신 흰소가 되어

오래된 여행가방

스무살이 될 무렵 나의 꿈은 주머니가 많이 달린 여행가방과 펠리컨 만년필을 갖는 것이었다. 만년필은 주머니 속에 넣어두고 낯선 곳에서 한번씩 꺼내 엽서를 쓰는 것.

만년필은 잃어버렸고, 그것들을 사준 멋쟁이 이모부는 회갑을 넘기자 한달 만에 돌아가셨다.
아이를 낳고 먼 섬에 있는 친구나, 소풍날 빈방에 홀로 남겨진 내 짝 홍도, 애인도 아니면서 삼년 동안 편지를 주고받은 남자, 머나먼 이국 땅에서 생을 마감한 삼촌……
추억이란 갈수록 가벼워지는 것. 잊고 있다가 문득 가슴 저려지는 것이다.

이따금 다락 구석에서 먼지만 풀썩이는 낡은 가방을 꺼낼 때마다 나를 태운 기차는 자그락거리며 침목을 밟고 간다. 그러나 이제 기억하지 못한다. 주워온 돌들은 어느 강에서 온 것인지, 곱게 말린 꽃들은 어느 들판에서 왔는지.

어느 외딴 간이역에서 빈자리를 남긴 채 내려버린 세월들. 저 길이 나를 잠시 내려놓은 것인지, 외길로 뻗어 있는 레일을 보며 곰곰 생각해본다. 나는 혼자이고 이제 어디로든 다시 돌아갈 수 없다는 것을.

모래 속에 누워 있던 여자

그녀의 등뼈는 휘었고, 관절은 닳아 없어졌다. 오랫동안 모래 속에 누워 있던 그녀의 입 속엔 아무것도 들어가지 못했다. 해부하기 위해 흉부를 열자 그곳은 텅 비어 있었다.

사막의 다른 퇴적층과 구분이 가지 않는, 모래알 같은 쓸쓸함.

물이 있는 곳, 푸른 풀과 나무가 있는 곳으로 인도하는 별자리. 그 신비스런 별자리를 품고 있는 밤하늘의 빈터로, 그녀는 그 캄캄한 가슴속을 드러내고 있다.

구불구불한 낭하를 걷고 있는 고양이

마치 자기 내부를 들여다보는 듯
반쯤 눈을 감은 채

눈에 익은 어둠
발에 익은 길에서, 잃어버린
밤의 광채들

뒤에서, 내 그림자처럼

구불구불한 낭하를 걷고 있는 고양이
나는 그가 자취를 감춘 뒤에야
알았다, 차오르다
이지러지는, 그의 눈동자에 담긴

지는 달처럼 차오르는 그것
마음의 맨 아래, 그 바닥을 비춰내는 어둠

열두 개의 빈 의자

가난뱅이 고흐는 의자를 열두 개나 가지고 있었다
그가 한번도 앉지 않은 팔걸이가 달린 의자들
파이프를 얹어둔 낡은 밀짚의자는
내 방 구석에 걸려 있다

빵을 굶어가며 마련한 새 의자
그는 누구를 기다리며 의자를 비워두었을까

한밤중 신발을 끌며 집으로 돌아가는
늙은 광부를 위해
어두컴컴한 식탁에 둘러앉아 감자를 먹는
농부를 위해
바람을 막기 위해 심어진
사이프러스 나무를 위해
창을 열 듯 제 가슴을 활짝 열어젖히는
해바라기를 위해
....

그리고, 쪽창으로 들어오는 별빛을 바라보는
그 자신을 위해?

어떤 모습이든 그들은 의자에 앉아
예수님의 열두 제자처럼 그를 에워싸고
지상에서의 마지막 만찬을 기다리고 있다

그가 초대한 손님들을 나는 잘 알고 있다
내 마음의 쓸쓸함이 부른 손님들인 것이다

은화 隱畵

인적 없는 습지에 갔다.

수초 무성한, 깊은 곳에
잠이 없는
큰 메기가 살 것 같은 습지.
잿빛 왜가리가
탁한 물속을 보고 있다.
물이 흐르는 쪽으로
굽은 그림자, 외다리로 선 발목이
위태롭게 흔들린다.

더이상 작아질 수 없는 것들은
한없이 아래로 내려가
단단한 바닥이 된다.
마음속을 휘젓는
아직 가라앉지 않은 슬픔만이
눈앞을 흐리게 하는지도 모른다.

검은 우물 2

꿈속에서 두고두고 깊어지던
뒤란의 검은 우물, 우물 속 허공의
뼈가 도드라진 길고 마른 목

자다 깨어 목을 만져본다

어두운 그곳에서 맑은 물이 솟는
공백으로 남아 있는 마음의 맨 밑
가끔 그 어두운 물밑을 본다
갈증을 삼키기 위해 고개를 드리우면
나를 잡아 끌던 검은 물의 태반

나는 누가 묻어버린 어두운 꿈일까

모네가 그린 그림

아침마다 새로 태어나는 물의 알들
장밋빛으로 달아오르는
물의 수런거림을 닮은 수련

알에서 깨어나는 순간,
날아가버리는 그림자 없는 새처럼
저마다 품을 벌리며
물 아래
자신의 그림자 속으로 들어간다

활짝 핀 꽃 앞에서
나직이 한숨 쉬는 사람은 누구?

한낮이 되면 그는 챙이 넓은
모자를 쓰고, 물의 잠으로
다시 꿈을 꾸기 시작한다
흔들거리며 물은 깊어진다
흐르는 시간처럼, 지나간

붓자국처럼

그러나, 황혼빛으로 술렁이는
지워지지 않는 꿈

무서운 똥

  젖만 먹던 아기가 사람꼴을 갖추려는 듯 이가 나고 직립 보행을 시작하자 똥냄새가 더욱 독해졌다. 고슴도치도 제 뭐는 어쩐다고 그래도 내 새끼라 귀엽기만 한데, 아기는 그것을 아는지 하루에 서너 번씩 똥을 싸면서 한여름 참외 자라듯 한다. 그러나 세상에서 제일 힘든 일은 역시 몸 밖으로 똥을 밀어내는 일. 두 눈이 빨개지고 콧구멍을 벌름거리며 수상쩍은 소리로 젖 먹던 힘을 토해낸다. 무엇이든 부여잡고 엉거주춤 일어서서.

  간혹 바짓가랑이 사이로 빠져나온 똥이 장난감 더미 속에 지뢰처럼 숨어 있기도 한데, 토마토를 먹으면 빨간 똥, 포도알을 껍질째 삼키면 까만 똥. 참외는 공이 아닌데 던지기하며 가지고 놀다 그것을 먹은 다음날은, 주먹밥 같은 된똥에 고명처럼 참외씨가 박혀 있다.

  어느날인가 혼자서 기저귀를 빼서 놀다가 그만 그것이 헐렁한 가랑이 사이로 홀렁 흘러나왔다. 세상에, 조그만 아기가 저렇게 큰 똥을!

아기의 발밑에는 제 팔뚝보다 굵은 똥자루가 태연하게 누워 있었다. 그것도 하나가 아니고……! 저렇게 큰 것이 세 덩이나 빠져나왔으니 얼마나 힘이 들고 속이 헛헛할까 하는 생각을 하는데, 똥을 내려다보던 아기의 눈이 점점 커지기 시작한다. 무서운 것에서 눈을 떼는 것은 더욱 두려운 법. 이윽고 겁먹은 얼굴로 와락 달려든 아기가 똥 한번 보고 울고, 또 똥 한번 보고 더 크게 울고, 또 똥 한번 돌아보고 점점 더 크게 운다. 먹은 만큼 먹은 대로 나오는 무서운 똥!

부패의 힘으로

 물은 늘 고여 있다. 물은 흘러들어오지도 흘러나가지도 않는다.
 여름내 잎을 벌려 늪 가운데로 나아가던 가시연이 검은 구멍 같던 그곳까지 나아가지 못하고 뚝뚝 져내리자 갈대숲 위로 실잠자리 고추잠자리가 하늘을 덮었다. 쇠오리 청둥오리 논병아리…… 겨울이 되자 물속 깊이 뿌리내린 수초들 사이로 철새들을 풀어놓았다.

 무엇이 그곳을 이루고 있는 것일까.

 물은 늘 고여 있다. 물은 흘러들어오지도 흘러나가지도 않는다. 늪의 바닥은 언제나 썩어가는 것으로 부글거린다. 그런데도 매년 연꽃은 피어나고, 잠자리는 물속에서 허물을 벗고, 철새들을 부른다.

고흐의 자화상을 걸어놓고

그는 지금 간절한 표정으로
무언가를 바라보고 있다

그의 방에도 그가 단숨에 그리지 못한
미완의 그가 밀짚모자를 쓴 채
간절한 눈빛을 보내고 있는지도 모른다

한쪽 귀가 없는 그의 얼굴

그의 얼굴을 들여다보며
왜 그가 자신의 눈을 찌르지 않았는지
곰곰 생각해본 적이 있다

이글이글 타오르는
그 그림자 없는 불꽃

고흐의 자화상을 걸어놓고
나는 그의 푸른 두 눈을
오래도록 들여다보았다

살아 있는 상처

어두운 무덤에서 나와
환한 전시실 한켠에 누워 있는,
저것은 칼이다.

이제 칼은 그 푸른
검광을 잃었다.

끊임없이 제 안의 붉은 녹을
밀어내지만, 세월은 아직
항아리 속의 곡식처럼,

그것을 흙으로 돌려놓지 못했다.

물과 불로 증오심만 벼렸던,
달빛마저 저밀 것 같던
푸른 날로,

스스로를 베었던 기억.

형체가 무너진 다음에도
생채기를 내며 저렇듯 들끓는다.

오랫동안 독을 품고 있으면
제 몸이 먼저 상하는 법.

물속의 달

늙은 아버지가 철새나 보면서
저물어가고 싶어한 조그만 연못
갈대밭을 서걱이던 오리들도 자고
잔물결도 자고……

달은 물에 젖지도 않고
이지러지지도 않고
연못 속으로 들어간다

이런 밤이면
연못 속에서 찌륵찌륵 울던
늙은 잉어, 아버지가 놓아준
그 잉어
아버지의 잠을 빌려
만월 속을 헤엄치는 꿈
그 환한 꿈을 꾸느라 은비늘들
고요히 떨릴 것이다

달이 높이 떠오를수록
점점 넓고 깊어지는 연못

먼 산, 그 아래 작은 마을
마을 앞의 갈대밭, 갈대밭의
늙은 아버지
물속에서 더 환한 그림자

야광주 夜光珠

밤이 깊어갈수록 더욱 밝게 피어나는 별들. 적요로운 새벽, 칠흑 같은 어둠이 물러간 뒤에도 마지막까지 남아서 반짝이던 그 별은 어디로 가는지……

어릴 때 나의 꿈은 남들이 모두 잠들어 있을 때 홀로 깨어나 별을 보는 것이었고, 좀더 자라서는 시인이 되고 싶었다. 캄캄한 밤하늘을 수놓은 별들을 바라보는 시인. 그러다 나이를 더 먹어서는 도서관 사서가 꿈이었다. 바람이 불고 눈이나 비가 내리더라도 내가 보고 싶은 밤하늘을 마음대로 펼칠 수 있는 곳.

그러나 나는 모든 꿈을 잃어버렸다.

하지만 그는 잊고 있던 꿈을 찾아 멀리 떠났다. 시인이 되고 싶은 그에게 나는 책을 한권 주었다. 백년 전쯤에 어느 시인이 엮은 책. 표지가 밤하늘처럼 까만 책은 내 손바닥 안에 쏙 들어왔다. 그 작은 책을 펼치면 이백이 있고 두보가 있고……

지금 그는 밤하늘의 별을 보고 있을 것이다. 어두울수록 더욱 밝게 빛나는 구슬 같은 별들. 그러한 시를 쓰기 위해 그는 지금도 별이 흐르는 밤하늘을 올려다보고 있을 것이다.

백년찻집

오동나무 그늘 속의 백년찻집
찻집 앞 너럭바위에 앉아
차를 마신다

처음 와보는 낯선 고갯마루
눈은 쓸쓸한 마음보다 먼저
먼 산 먼 하늘로 달려간다

시든 꽃 같은 닭들을 싣고
간신히 고개를 넘는 낡은 트럭

전생에 나도 개나 돼지 닭 같은
축생으로, 죽음을 마주한 채
살았던 것은 아닌지

언젠가 이 고개에서
한번쯤 쉬어간 듯도 하다

저 구름 저 진흙 속에서
꽃봉오리를 밀어올려
꽃잎이 열리는 한 순간보다
짧은 한 생애를 지고

고목나무샘

나무는 이미 죽어 있었다.

살아 있는 것이라곤
그의 몸에 돋은
이끼와 버섯,
둥치에 거처를 마련한
벌레들이었다.
나무는 서서히 썩어가면서
그 모든 것들에게
몸을 내어주고 있었다.

나는 그 나무 아래에서
잠시 쉬다가 발치에 있는
작은 샘을 발견했다.

수백년 묵은 죽은 나무의 뿌리가
품고 있는 옹달샘,
맑고 찬 물이 고여 있었다.

나무가 푸르렀을 때
뿌리가 수맥을 건드린 것일까.
나무는 오래 전에
죽어버렸지만,

샘은 그 목마른 뿌리를
기억하고 있는 것이다.

마른 나무의 뿌리를 적시려는
마음이,
나무가 죽은 뒤에도
그의 몸에서 자라고 있는
이끼와 버섯, 벌레들을
깃들이게 하는 것일까.

우포늪에 갔다

내가 밟고 서 있는 이 진흙 속에는
가시연꽃, 그 씨앗들도 있으리라

썩지 않은 채, 그러나
화석이 되지도 않은 채
죽음 같은 기다림으로 일천년도 더
숨을 죽이고 있는 씨앗들

뿌리의 어둠을 밀어내기 위해
꽃은 핀다
한없이 고요한 저 꽃봉오리들

꽃잎이 열리는 순간,
그 찰나에 이루어지는 것은?

저 홀로 크는 나무

  폐광촌 언덕 아래 잘생긴 마가목 한그루. 지난 가을 그 나무에는 꽃송이 같은 붉은 열매가 탐스럽게 열려 있었다. 마가목이 서 있는 곳은 원래 집이 있던 자리인데, 집은 이제 그 흔적만 남아 있다. 마가목 지팡이를 지니고 있으면 마(魔)가 끼지 않는다던가. 그래서 그 나무를 집 앞에 심어 놓았을까.

  집이 허물어지기 전 삽짝 옆에 서서 액운을 쫓으며 그늘을 드리워주었을 마가목. 오래 전 그 집에 살던 누군가 거기에 옮겨 뿌리를 내리게 하였을 것이다. 이제 사람은 떠나고 집은 흔적만 남아 있는데, 나무는 저 혼자 해마다 꽃을 피우고 열매를 붉게 물들이며 빈자리에 그늘을 드리운다.

밭을 안고 있는 집

햇살이 따가운 허물어진 토담
굽은 어깨로 밭을 안고 있는 집
잘 갈아진 찰진 흙의 몸내
가만히 귀기울이면
나직이 호밋소리 들리고
꿈틀대는 밭이랑의 할머니 곁

흙더민가 했더니
가만히 고개 드는 흙빛 강아지

제2부

수국이 있던 연못

나는 그때 다섯살이었다.
교당에 가기만 하면 뒤란의 연못으로 가서
어둑해질 때까지 수국만 바라보다, 그날은
왜 연못에 빠지게 되었을까.

가랑비에 젖는, 연못은
짙은 초록이었다.

몰래 그 속을 들여다보고 있으면
연못에서 누룩내 같은 물내가 올라오고
손이 닿지 않는 저편 돌틈에,
수국이 곧 질 듯이 피어
연못에 제 모습을 비추고 있었다.

나는 그중 가장 큰
보랏빛 꽃송이에 손을 뻗었는데
…………
눈 속에 열린 고요함이란,
독한 향기로 연못 속은 캄캄했던가.

밤의 이야기

 나보다 먼저 집에 와 있는 저 그림자들. 울타리 넘어 내가 잠든 장지문을 단숨에 열고 들어와 밤마다 내 숨결을 훔치고 간다. 보이지 않는 것을 잃어버릴 때의 무서움. 이불을 덮고 누운 턱이며 목 뺨 언저리를 핥는 숨결에 오금이 저릴 무렵, 내 몸은 가볍게 저 밤하늘로 올라가 내 집이며 우물이며 산 너머 동네를 내려다볼 것만 같은데…… 사철나무 울타리 아래 묻힌 우리집 고양이 살찐이와, 할머니가 돌아가시자 집을 나가버린 살찐이 새끼들과, 산 너머 어디엔가 뿌려진 할머니의 육신도 찾을 것만 같은데……

 사람들은 알고 있을까. 내 눈은 할머니 눈을 닮았고, 이마는 할아버지를, 발가락은 꼭 증조할아버지처럼 벌어져 있다는 걸. 내 눈동자 또한 밤마다 하늘을 향해 칠흑같이 열려간다는 것을.

기찻길 옆 붉은 철대문집

 그 어둠속에 웅크리고 있던 것은 무엇일까. 언제나 붉게 녹이 슨 철대문 옆 한겨울에 대추꽃을 환하게 피우고 미쳐버린 아름드리 대추나무, 십년을 넘게 기른 늙은 고양이 살찐이가 묻힌 사철나무 울타리, 가득 찬 물이 시퍼렇게 썩어가던 우물, 밑동이 서로 얽혀 자라던 우물가의 무화과 두 그루와, 무화과나무에 기대어 밤으로만 무성하게 자라는 포도덩굴이며, 달빛 아래 흰빛을 뿜어내던 치자나무……

 밤마다 나는 할머니 품속으로 파고들면서, 할머니도 살찐이처럼 너무 늙어 숨을 멈추면 어떡하나, 가르릉거리는 할머니의 숨을 빨아들이고 할머니 코밑으로 단내나는 숨을 내뿜으며, 나는 내 숨이 할머니의 몸속으로 들어가기를, 할머니 몸속으로 들어간 내 숨이…… 그러다가 나는 자꾸만 오줌이 마려워 눈을 꼭 감고 요강에 앉아 쪼르랑거리면, 아주 먼 곳에서 기차 소리가 들려오는데, 진주에서 비단 싣고 오는 기차 서울로 가는 기차, 삼랑진 거쳐 부산 가는 기차, 구포, 밀양, 동대구…… 그 아득한 이름들을 외우며 침목을 밟고 레일을 따라 멀리멀리 가다가 설핏 보면, 할머니가 어느틈에 풀었던 머리를 쪽찌고 앉아 벽을 보고 구렁구렁 염불을 외고 있고, 흰 할머니 고무신이랑 내 꽃고무신 안에 작은 살찐이가 또 새앙쥐를 물어다 넣어놓았을 텐데, 아침이면 아직 채 숨이 끊어지지 않은 발끝의 새앙쥐 온기에 나는 화다닥 또 놀랄 것인데……

우물 속의 구렁이

나를 잡아끌던, 우물 속의
그 구렁이는 어디로 갔을까
우물 저 깊은 데서 친친 또아리를 틀고
잠들어 있던 검은 구렁이

우물 뚜껑을 열자
하늘 저편으로 흘러가던 흰구름과
어룽거리던 무화과잎
아무도 퍼내지 않아 퍼렇게 녹이 슨 물
우물 속에서 확 올라오던 검은 기운에
잡고 있던 두레박줄에 얽혀들어가
손을 뻗으면 바닥에 닿을 듯했지

우물 속으로 빨려들어가는 나를
겨우 잡아챈 건 뒷집 육손이 아저씨
할머니 어머니, 밤새 나의 몸을
바늘로 따 붉은 피를 내고
염불을 외고, 향을 사르고……

독한 향내에 살 속에 돋은 비늘이 타는 것처럼
온몸이 따가워 꿈틀거렸지

밤마다, 그 깊은 곳에서 웅웅 우는 것은 무엇
우물에 빠져 죽으면 나도 큰 뱀이 될 것 같던
닫힌 채 묻혀가던 우물

왕쥐 이야기

 너를 이 세상에 내보내신 것은 제왕님이거든, 제왕님이 세상에 널 내보내실 적에 철철 먹고도 남을 젖과 오곡으로 곳간을 가득 채워주셨구나, 그렇게 곳간을 제왕님이 가득 채워주셨는데, 아 그 땅속 깊디깊은 곳에 사는 왕쥐란 놈이 그걸 그냥 두었어야 말이지, 왕쥐가 그걸 그냥 두지 않고 들락날락 네 양식을 다 먹어버렸구나, 왕쥐가 다 먹어버려 네가 먹을 게 하나도 없었겠지, 먹을 게 없어 두이레가 넘도록 젖을 물지 않아 에미 속을 태웠구나, 속을 태우다 삼칠일이 지나 젖을 빨기 시작하자 이참에는 에미 젖이 말라버려 젖배를 곯았는데, 그렇게 젖배를 곯았으니……

 옛날 이야기를 해달라고 보채는 밤이면 할머니는 수백번도 더 들은, 내가 갓난아기 적 이야기를 하고 또 하면서 두고두고 왕쥐를 원망하는데……
 시뻘건 입은 쌀이 서 말도 넘게 들어가고, 퉁방울처럼 툭 튀어나온 눈은 내 목욕대야만큼 커서 제왕님 곳간을 구석구석 다 살펴보고, 몸도 날래 바람 한 꼬리 못 들어오게 사대문을 다 걸어닫아도 어느결에 쌀이며 콩이며 양식이란 양식은 야금야금 다 축낸다고. 힘이 장사인 뒷집 육손이 아저씨도, 십년을 넘게 살아 영물이 다 된 우리집 고양이 살찐이도 왕쥐를 잡을 수 없다는데……

 문 밖에는 왕쥐가 왔는지 무시무시한 바람소리가 나면서 컴컴한 그림자가 어른거리고, 할머니는 잠 안 자고 보채는 아이는 왕쥐가 냉큼 한입에 삼켜버린다며 돌아누워버린다. 그렇게 할머니 품을 파고들며 칭얼거리다 잠든 날 아침이면 꼭 팔다리가 아파서 으앙으앙 울곤 했는데, 그때마다 할머니는 밤새 왜 그리 버둥거렸냐고, 백 밤만 더 자면 키가 쑥쑥 커서 왕쥐도 잡을 수 있는 어른이 된다며 나를 달랜다.

겨울밤

 벽장 속에는 새끼를 낳은 고양이 살찐이와 그 새끼들이 갸르랑거리고, 매운 바람이 뒤란 감나무 가지 끝에서 윙윙 우는 밤이면, 나는 오줌이 마려워 할머니 품속에서 칭얼대다 까무룩이 잠에 빠지곤 했는데, 어느새 나는 검푸른 이끼로 덮여 있는 우리집 창고 뒤로 가서 창고 아래 굴속을 걷고 있다.
 꼭 내 몸에 맞는 그 굴은 가도가도 끝이 없어 숨이 턱턱 막혀오고, 굴이 점점 좁아져 꼼짝달싹 못하게 그 깊은 속에 갇혀버리면 어둠 저편에서 기어나온 털북숭이 짐승이 나를 덮쳐 누른다. 나는 소리도 지르지 못하고 죽은 듯이 눈을 감고 있었던가. 그러면 그 짐승이 내 숨을 빨아들여 점점 커지면서 내 눈앞에 붉고 푸른 불덩이들이 너울거린다. 나는 그 불에 혼이 빠져나가는 듯 사지가 뻣뻣이 굳어오고, 정월에 언 땅에 묻힌 할아버지와 할아버지를 따라간 큰 살찐이를 만날 것만 같았는데⋯⋯ 그러한 밤이면 자다 놀란 할머니가, 어느결에 내 양뺨을 철썩철썩 때리고 손가락 발가락을 바늘로 따고 있는 것이다.

아버지와 나와 지렁이

 저녁 무렵 아버지와 나는 우물 곁 컴컴한 무화과 그늘에서 지렁이를 잡는다. 굵은 지렁이는 어머니가 키우는 닭한테, 실지렁이는 아버지 미끼통 속으로 들어간다. 이제 아버지는 며칠씩 바다에 가실 것이고, 그동안 나는 빈방에 누워 아버지는 어디쯤 있을까 생각할 것이다.

 지렁이는 검은 이끼 아래 숨어 산다. 그늘진 우리집 어디서나 나온다. 지렁이는 아버지 손안에서 끊임없이 꿈틀대면서 그림자를 만든다. 눈이 먼 지렁이는 땅속에서 제 그림자를 먹고 사나. 그 축축한 몸이 검은 이끼로 가득 찬 긴 그림자 같다.
 아버지가 밤새 낚싯짐을 싸는 소리, 엄마가 숨죽여 우는 소리, 할머니가 염불을 외는 소리 사이에 내 귀를 때리는 쏴쏴 어둠이 내는 소리. 점점 낮아진 천장이 내 눈 가득 검은 점으로 보일 때면 온몸이 축축해진 나는, 지렁이처럼 땅을 파고 들어가 깨지 않을 긴 꿈을 얼마나 꾸고 싶었는지 모른다.

통시에 빠진 돼지

 나의 별명은 돼지였다. 온 동네에 소문난 심술궂은 돼지. 동네 언니들이 담장의 줄장미를 꺾는 것을 보고 돼지처럼 소리를 지르거나 동네 사람들이 우물물을 길어가지 못하게 대문을 걸어 잠그기도 했다. 단내를 맡고 새앙쥐같이 포도덩굴 밑에 기어든 조무래기들을 보면 놀래켜서 쫓아버리고, 물사마귀에 약이 된다는 무화과 잎도 따가지 못하게 수선을 피워댔다. 비바람에 떨어진 풋대추를 못 줍게 하다가 벌어진 싸움이었던가. 맞기는 내가 더 많이 맞았는데 그애가 자기 누나를 데려와서 다시 덤비는 바람에, 나 혼자 분해서 통시에 앉아 꺽꺽 울다가 그만……

 기절한 나를 통시에서 건져올린 사람은 할머니였다.

 그날따라 내가 좋아하는 미역국과 고등어구이가 저녁상에 올랐는데, 식구들은 냄새가 난다며 나를 밥상 귀퉁이에 앉지도 못하게 했다. 나를 우물가에 세워놓고 할머니가 한나절 내내 예쁜이 비누로 씻겨 주었는데도. 그렇지 않아도 나는 분하고 서러워서 눈물이 그렁그렁했는데…… 언제나 내 편인 할머니는 음력 팔월에 돼지가 통시에 빠졌으니 큰 복이 굴러들어올 거라며, 다음날 콩떡을 해서 온 동네에 돌렸다.

한여름

마흔 나이에 막내 낳은 어머니
몸져누웠다
젖은 나오지 않고 비오듯 땀을 쏟으며
온몸이 짓물러갈 때

외당숙 할아버지 술 한병 가져왔다
푸른 솔잎 사이 먹구렁이 한마리
머리를 꼿꼿이 쳐들고 새까만 눈을 뜬 채
똬리를 틀고 있었다

그 구렁이 어머니 몸을 빌려
뒤란의 우물에 가득 찬 서늘한 기운을
다 들이켜고 그림자 없이 사라졌다

그 뒤, 쓴 것이 입에 당긴다고
쓴 것만 골라먹고 다시 젖이 돈 어머니

오동나무 장롱 1

 내가 자는 작은방 머리맡에는 오동나무 장롱이 하나 있다. 장롱을 만든 나무는 할머니의 태를 묻은 나무로 할머니의 할머니가 뒤뜰에 심은 나무였다. 베어져서 오랫동안 그늘에 마른 뒤 대패에 몸을 맡겨 뒤틀리고 무른 자리 다 깎여나간 채, 결 고운 오동나무 장롱이 되어 할머니가 시집올 때 우리집에 실려왔다. 이불장과 큰 서랍 두 개 작은 서랍이 세 개인, 아버지보다도 나이를 더 먹은 장롱은 아직도 내 머리맡에 서 있는 것이다.

 언젠가 내가 아무도 몰래 장롱 속으로 기어들어가 긴 꿈을 꾸며 잠이 들어버리는 통에 집안이 발칵 뒤집어지기도 했다. 다음날 꿈 이야기를 하자 할머니는 말없이 웃으셨다.

 혼자 있을 때 장롱을 뒤지며 노는 내게 장롱은 오래된 향기와 빛으로, 할머니와 할머니의 어머니, 할머니의 할머니, 이미 이 세상에 없는 늙은 여자들의 이야기를 해준다.

오동나무 장롱 2

 목화솜 이불은 할머니의 어머니가 몇달 동안 수를 놓아 지어주신 이불이며, 이불 위칸 보자기에 싼 채 둔 배냇저고리와 동저고리, 돌쟁이 때때옷은 할머니의 할머니가 증손자들 입히라고 넣어주신 것이다. 보자기 옆에 있는 반짇고리에는 맞부딪치면 엿장수 가위만큼 큰 소리가 나는 무쇠 가위가 있는데 아버지와 삼촌 고모들, 나와 내 동생들의 탯줄을 끊은 물건으로 아직도 날은 반짝반짝 빛이 난다. 박쥐 모양의 까맣고 빨간 자개 실패와 바늘쌈으로 나는 이제 바느질을 배울 참이다. 할머니처럼 머리밑을 두어 번 긁은 후 콧김을 쐬어 바늘귀를 꿰곤 하는데, 싸르릉거리며 바늘이 들어가는 그 바늘쌈 속에는 불가사리 먹지 말라고 할머니가 넣어둔 할머니의 어머니 머리카락이 있다. 반짇고리 옆에는 염주바구니가 있다. 바닷속에서 몇백년 동안 자란 나무뿌리를 깎아 만들었다는, 비만 오면 손바닥에 쩍쩍 들러붙는 염주는 할머니의 손때가 묻어 이제 검은빛에 가깝다. 서랍 안에는 입지 않는 공단저고리와 비단치마들이 들어 있고, 아랫서랍 맨 안쪽의 붉은 비단주머니에는 할머니가 새벽마다 참빗으로 머리를 빗고 한올씩 모아둔 머리카락이 들어 있다.

  할머니의 머리는 칠흑같이 검은빛인데 할머니의 어머니 할머니의 할머니도 그러했다고 치렁치렁한 내 머리를 빗기며 할머니는 이야기를 해주시곤 했다.

오동나무 장롱 3

 식구들은 모두 공장으로 일을 하러 나가 어둑어둑해져도 돌아오지 않았다. 집 뒤쪽 공장에는 지옥불 한가운데 걸려 있을 것 같은 거대한 기름가마가 있는데, 비단공장으로 갈 복쟁이 기름을 끓이느라 늘 펄펄 달아올랐다.

 산 채로 기름가마에 튀겨지거나 팔다리가 찢긴 귀신들은, 내가 있는 방 어둑신한 모서리나 천장의 얼룩 속에서 금방이라도 튀어나올 듯했다. 나는 두 귀를 틀어막고 무릎 사이에 고개를 묻고 있다가, 선득선득한 기운이 목덜미에 느껴질 때면 후다닥 장롱 속으로 숨어들곤 했다.

 내가 겨우 들어갈 만큼 좁은 장롱 안에는 싸한 좀약 냄새, 곰곰한 할머니 냄새가 난다. 폭신폭신한 솜이불 위에 강아지처럼 코를 박고 있으면 어떤 아늑한 품에 안겨 있는 듯했다. 귀신들이 장롱문을 열어도 그 깊디깊은 품속에 숨겨줄 것만 같았는데……

 나를 이 세상에 데려왔다는 삼신할머니의 품에 안겨 있

는 것인가, 두런두런 말소리가 들리고 갑자기 부신 빛에 깨어 보면 식구들이 두레반상에 둘러앉아 늦은 저녁을 먹고 있는 것이었다.

오동나무 장롱 4
—염주

세상 한가운데 있다는 높이가 팔만유순(八萬由旬)이나 되는 수미산. 해 달 별이 수미산을 중심으로 돌고, 산이 끝나는 곳에 큰 바다가 있는데, 그 검은 바닷속에는 이 세상에 살지 못하는 사람들이 물지옥 불지옥 가시지옥에서 몸부림치고, 축생으로 태어나 고통받거나 아귀나 아수라로 서로 잡아먹는다고……

나는 왜 태어난 것인지, 늙어서 곧 죽을 거라는 할머니는 또 무엇으로 태어날 것인지, 실에 꿰인 염주알을 돌리며 나는 점을 치곤 했는데…… 밤마다 할머니 품속에서 내가 건너야 할 그 검은 바다를 상상하며 나무아미타불을 외우고, 춥고 비오는 날이면 검은 바닷속에 사는 사람들을 생각하며 눈물을 흘렸는데……

지금 저 장롱 속에 들어 있는 염주는, 할머니가 돌아가시기 전까지 늘 품에 지니고 있던 것이다. 바닷속 깊은 곳에서 자라는 나무의 뿌리로 만들었다는 그것은 비만 오면 손에 끈끈한 물기가 묻어나곤 했다. 칠흑같이 검은 스무 개의 구슬들은 저승사자의 눈처럼 밤만 되면 검고 푸르게 빛이 난다.

오동나무 장롱 5
—가위

 가만히 있어도 그 긴 입으로 쟁강쟁강 소리를 낼 것 같은 가위는 장롱 속 반짇고리에 언제나 모로 뉘어져 칼잠을 잤다. 마름질하다 잠시 할머니 손이 쉴 때만 반듯하게 눕는 것도 꼭 할머니를 닮았다.
 한번도 녹이 슨 적 없는 가위는 할머니가 비단옷감을 자를 때마다 두런두런하는 할머니 말에, 그 말이 맞다는 듯 쟁강쟁강 맞장구를 쳐댔다. 녹이 슬지 않는 것은 공단 양단 본견 일본비단 좋은 것만 두루 입맛에 맞게 걸쳐서 그렇다고……
 바느질을 할 때면 할머니는 내게 비단의 한쪽 끝을 잡게 하고 쉬익 입김을 내뿜으며 가위날 지나가는 소리를 냈는데, 기다렸다는 듯 가위는 긴 날로 그 넓은 폭을 좍 순식간에 갈라놓곤 했다. 그때마다 할머니는 속 한번 시원타고 손장단을 치고, 더이상 손장단칠 거리가 없는 저녁 늦게야 베개도 없이 모로 누웠다.

 가위날을 시퍼렇게 숫돌에 갈 때도 있었는데, 그러면 부엌 큰 솥에는 물이 설설 끓고, 국솥도 올려져 있는 날이다.

아버지와, 작은 할머니의 자식인 삼촌 둘, 셋째할머니의 핏줄인 고모 둘과 삼촌 하나, 나와 내 동생들의 질긴 탯줄. 모두 이 박복한 교두각시가 끊은 것이어서, 그런 날이면 할머니는 가위를 비단보자기에 싸서 장롱 속에 반듯이 누인 뒤 오랫동안 찾지 않았다고……

이 묵직한 무쇠가위는 일찍 홀몸이 된 할머니의 어머니가 쓰던 것인데, 전생의 인연 이것으로 끊어지라고 아이의 울음소리가 터지는 순간 힘을 주어 끊었다던가.

오동나무 장롱 6
—반짇고리

 장롱을 열면 내 손이 안 닿는 위칸에는 염주바구니와 반짇고리가 있다. 반짇고리는 원래 장롱 아래에 있었는데 짬만 나면 수를 놓거나 버선을 만들던 할머니의 오랜 동무였다. 그러나 할머니의 눈이 어두워져 내가 좋아하는 콩주머니도 만들기 어려워지자 반짇고리는 장롱 위칸을 차지하게 되었다. 네모난 대나무 그릇에 알록달록 색지를 입힌 반짇고리는, 할머니의 어머니가 가마 속에 넣어준 것인데 낡아서 모서리마다 비단조각으로 콩댐을 하고 있다. 두 번씩 콩댐한 데도 있어 누덕누덕하기가 꼭 각설이 보따리 같다.

 반짇고리 한쪽에는 바늘겨레와 골무할미가 옹기종기 앉아 있다. 할머니가 쓰는 건 가운데가 얼금뱅이가 된 검정 가죽골무지만 아들 많이 낳으려면 골무각시가 많아야 한다고 목단, 박쥐, 길자(吉字) 색색깔의 비단으로 만든 골무가 열두 개도 더 된다. 싸르릉싸르릉 소리가 나는 바늘겨레 속에는, 할머니 머리카락과 할머니의 어머니 머리카락이 들어 있어 쇠를 먹는 불가사리가 바늘을 삼키지 못하게 지키고 있다.

네 귀가 뾰죽 튀어나온 화각실패에는 목단꽃이 새겨져 있는데, 거기에는 저마다 색색깔의 색실들이 감겨 있다. 길쭉한 나무 실패에는 이불호청에서 뜯어낸 무명실들이 감겨 있어서 베개호청을 꿰맬 때면 나는 이 실패에서 실을 풀어 바늘귀를 꿴다. 소담한 매화가 새겨진 통실한 통형 실패에는 오색 수실을 감아두었다. 실패에 실이 없으면 옷에 주려 헐벗는다며, 할머니는 실을 쓰고 나면 가오리연처럼 네 귀마다 꼬리를 단 색실보자기에서 실꾸러미를 꺼내 다시 통통하게 감아놓는다.

내가 가장 좋아하는 것은 자투리천을 넣어둔 비단 보자기인데, 노랑 양단이랑 수박색 댕댕이 덩굴이 들어간 중국 비단이며 수박색 진주 비단 어느 하나 곱지 않은 것이 없다. 돌아오는 설에 고운 비단옷을 해달라고 졸라야지, 마음속으로 생각하고 있으면 고운 것 너무 좋아하면 화류각시 된다며 늘 빼앗아 넣었다. 가운데 연꽃이 수놓아진 붉은 비단 버선본집에는 애기버선부터 할미버선까지 누런 한지로 만든 버선본들이 겹겹이 누워 있었다.

 할머니가 없으면 반짇고리 안 가위며 바늘 골무 들이 좁은 여자 소견으로 삐죽삐죽 싸운다고, 서로 공이 많다고 큰엄마 자리를 차지하려 한다는 것이다. 할머니는 아무리 저희끼리 싸워도 소용이 없다며 혀를 찬다. 큰엄마는 아들을 먼저 낳은 여자가 차지하는 것이지 바느질 솜씨 뽐내봐야 남의 각시 얻는 데 입을 옷만 짓고, 자수 솜씨 뽐내봐야 베지 못할 베갯모만 만든다고, 그까짓 거 배워서 뭐하냐며 버선본집으로 덮고 그 위에 비단 덮개를 씌운 뒤 장롱 안에 넣고 장롱문을 꼭꼭 닫는 것이었다.

오동나무 장롱 7

 이제 장롱은 문짝이 망가져 문을 닫은 뒤 비단끈으로 묶어놓아야 되고, 서랍도 모서리가 헐거워져서 초를 묻히지 않아도 스르륵 열린다. 머릿속을 빠져나가는 기억처럼 조금씩 닳아져서 헐렁헐렁해진 것이다. 그러나 장롱은, 할머니와 사진으로밖에 본 적이 없는 할머니의 어머니, 할머니의 할머니를 떠올리며 내가 속으로 말을 걸 때마다, 그래그래 맞장구를 치며 여전히 은은한 향기와 빛을 내고 있다.

제3부

무지개 그림자 속을 날다

더 높이, 더 멀리
날개에 얹혀 있는 푸른 하늘
솟구쳐도 끝이 없는
그 큰 구멍

가파를수록 아름다운 절벽
내려앉을 나무 하나 없는
벼랑 끝에 이르렀을 때
비로소, 먼 거리를 비행한 새는

외로이 날았던 허공을 보게 되는 것

화석

제 몸을 파먹지 않고는
견딜 수 없는 허기가 있다
날개가 생기기 전부터
부리가 자라 제 속을
파먹다 제가 파먹은 가슴에
묻히는 새들이 있다

나는 연한 깃털이 자라나는
꿈을 꾸던 알이었다
속을 가득 채우고 있던 물기가
말라버렸다

붉은 등

그 언젠가 나는 보았다

늪 가장자리를 떠도는 지친 잎들
온몸을 수면에 펼친 채
길은 오직 하나인 듯
바닥을 향하는……

저 캄캄한 물의 바닥

물위에 뜬 육신은 삭고,
오래 서걱인 마음만이 누운, 진창엔
내가 모르는 정적이……

어지럽게 연잎 뒤척이는 밤
멀리서 보면 검은 물결들
화로를 인 듯
화르르 타오르는, 마음속 그 붉은

정선선 기차

 달랑 객차 한 량만 달고 기차가 간다. 허리를 구부리며 은금보화가 묻혀 있을 것 같은 산속을 간다. 하얀 조약돌을 쏟아놓은 강이나 노랗게 물든 단풍나무 사잇길들, 길가 억센 잡풀에도 어느덧 땅거미가 내린다. 강물에 떠내려가는 나뭇잎에 실리는 바람, 뾰족한 나뭇가지 끝에 깃드는 고요, 누군가를 기다리며 불을 켜는 작은 마을들……
 열쇠구멍 같은 터널들을 지나, 별어곡 나전 정선 여량 종착역인 구절리까지 흔들리며 간다. 고목처럼 서서히 말라가는 늙은이 둘이 짐꾸러미를 챙겨 일어선다. 얼마나 머물지 그건 나중에 생각하기로 하고 나도 그들을 따라 기차에서 내린다. 길이 어둠의 품안에 든다.

어머니, 용문사 은행나무 앞에 서다

   육순을 넘긴 어머니 딸네 다니러 와서 용문사에 간다. 모레면 군에 갈 막내를 데리고 바람이나 쐬자며, 용문산 그 아래 절집에 가자 한다.

   팔당대교 넘어 팔당댐 지나 양수리에 이르자, 시퍼렇게 출렁이는 강물을 보며, 가다 서다 하는 차에서 자다 깨어 묻는 어머니.
   애야, 이게 웬 바다냐! 길을 잘못 든 게 아니냐?
   바다가 아니라 강이에요, 강.

   날은 흐려 진눈깨비 오다 먹구름 사이로 말간 해가 얼굴을 내밀어 활짝 개었나 싶더니, 용문사 입구에 닿자 계곡에서 눈보라가 몰아친다. 눈도 코도 못 뜨고 눈사람이 되어 소나무 사잇길로 접어들어 죽은 듯이 고개를 숙이고 일주문에 들어서니, 거짓말같이 하늘이 열리면서 햇살이 소나무 가지 사이로 쏟아진다.

   아이고 부처님이 어서 오라고 하시네.

아이들처럼 재잘대는 어머니, 그러나 불전에 닿기도 전에 은행나무 앞에서 입을 떡 벌리고 합장을 한다.

 세상에! 천백살이나 먹은 나무라니! 열 아름도 넘어 보이는 둥치 속엔, 꼭 승천하지 못한 구렁이가 제 몸을 죄며 융융 우는 것 같네. 육중한 몸을 버티려는 듯 굵은 가지 끝으로 땅을 짚고 서 있는 은행나무. 사방팔방 꿈틀꿈틀 뻗어나간 뿌리가 절집을 받치고도 남을 것 같네.

감자

 한무더기의 감자가 아파트 화단 한구석 삼나무 아래에 버려졌다. 비둘기도 시궁쥐들도 거들떠보지 않은 채 2월 매운 바람에 얼었다 녹았다 하며 감자는 시커멓게 썩어들어가고 있었다.
 어느날부터인가 썩어들어가던 감자무더기에서 연붉은 감자싹들이 햇살을 향해 돋아나기 시작했다. 채 썩지 않은 쭈글쭈글한 부분에서 몽당하고 통통한 싹들을 힘겹게 밀어올린 것이다.
 하루는 저승꽃이 만개한 할머니 한분이 삼나무 그늘에 쪼그려앉아 감자싹을 들여다보고 있었다. 머리밑이 훤히 드러나는 쪼그라든 알머리의 할머니는, 곧 지팡이에 의지한 채 비둘기처럼 목부터 내밀면서 뒤뚱뒤뚱 단지 사이 좁은 길로 사라졌다.

 할머니가 앉아 있던 자리에는 몽당숟가락이 푸슬푸슬한 검은 흙에 꽂혀 있었다. 이제 감자는 안심하고 썩을 것이다. 부드러운 흙속에 튼실히 뿌리를 내리고 줄기와 잎은 점점 무성해질 것이며, 유월이면 자주꽃 흰꽃 감자꽃을 보게 될 것이다.

혜성을 꿈꾸며

밤하늘 그 큰 구멍,
그 구멍 속으로 명멸하는
빛을 삼킨 네 눈 속의 어둠.

가만 있으면 보인다.

갑자기 내 안에서
무너져내리는 소리가 들렸다.

용소 龍沼

단칼에 베어진 듯 고요하다.
바닥을 향해 입을 벌리고 있는,

소리없는 거대한 소용돌이.

빠져나갈 데 없어 더욱 깊어지리라.
그 바닥 깊은 곳에서
마르지 않고 솟는 물줄기.

구불구불한 어둠의 속을 통과한,

저 물의 지옥이
내 마음속 이무기를 깨워놓았다.

침묵의 모서리

우뚝 서 있는, 침묵의 짐승 같은
저 돌.

오늘도 그는 망치를 들고
돌을 내리친다.
단단함과 부드러움의 틈에
그는 쐐기를 박듯 정을 박는다.

꿈틀꿈틀 검게 그은 그의 어깻죽지
수많은 예각이 모여
안으로 닫힌 형상을 이룰 때까지

맨머리에 떨어지는 망치소리.
이윽고, 그의 손 아래에서
입을 벌리는 침묵의 모서리들.

마술사

늙은 마술사가 왔다. 기합소리와 함께
한치도 안되는 그의 손가락 사이에서
빨간 끈이 끝도 없이 풀려나오고
입에 넣은 달걀이 비둘기가 되어
야윈 어깨에 내려앉는다.
새까맣게 그은 주름투성이 얼굴에 묻힌 눈에서
곧 먹물이 쏟아질 듯하다.
꿈이 없는 이 도시의 사람들은
더이상 마술에 흥미를 느끼지 못한다.

축 늘어진 코와 광대뼈,
검은 뾰족모자와 지팡이만 있으면
나는 그를 마법사로 보았을 것이다.
전철역 앞에서 관객 없는 마술을 하는 대신
구름 속을 날아다니며
아이들의 꿈이나 가난한 연인들의 사랑
마음속에만 있는 온갖 은금보화를 훔치는,
자신한테는 소용이 닿지 않는 것들을

밤마다 꿈꾸었을는지도 모른다.
지금 그는, 어쩌면 가난한 자신을
아주 작게 해서
아무도 그 존재를 못 알아채게
스스로에게 마법을 걸고 있는지도 모른다.

너는 누구냐

누군가 내 산책길을 뒤밟고 있었다
가지 끝에 앉아 있는 되새들의 통통한 배를
탐스럽게 보고 있으면
미동도 않았는데 날아가버리고
모이를 쪼던 비둘기도 흩어져버린다

내 속에 어두운 짐승이 사는구나
어두워질 때까지
아파트 화단 주변을 어슬렁거리다 보니
삼나무 가지에 숨어 발톱을
싹싹 윤나게 핥고 있는 새까만 고양이
나와 눈이 마주치자
꼬리를 치켜든 채 가뿐하게 땅으로 내려와
어둠속으로 사라진다

산책길을 뒤밟는 것은 저 녀석이었구나
멸종한 맹수 흉내를 내는 가엾은 짐승
절대로 뒤를 돌아보지 않는 버릇하며
망할 자식, 너무나 낯익은 얼굴을 할 게 뭐람!

일몰의 누각

불모의 사막 한가운데에서 길을 잃어버렸다
큰 산과 큰 강을 이루던
내 마음속 지형조차 바람이 날려버렸다

살이 마르고 뼈가 닳는 동안
바람은 새로운 얼굴을 만들어
내 얼굴 아래 숨어 있던 돌투성이 폐허가
그 모습을 드러낼 것이다

깎아지른 듯한 절벽에 길을 내고
그 위에 다시 돌을 쌓아 성을 이룬 누각
무너질 듯 위태로운 그 망루에 서면
어둠과 빛이 교차하는 일몰의 순간처럼
세상은 고요히 황금빛으로 끓어넘칠 것이다

일몰을 바라보는 눈빛
폐허 한가운데에 솟아오르는
마음의 누각, 이제 그곳으로 가는 길은
지상 어디에도 없다

그의 일생
─배 만드는 사람 2

  그가 태어나서 제일 처음 본 것은 갈매기가 바람을 가르는 바다였다. 그는 그 바다를 바라보며 조금씩 커갔고, 아버지가 배를 만들고 있는 포구의 모래톱까지 혼자서 걸을 수 있게 되었다. 어느덧 그는 뼈가 굵고 근육이 튼튼한 청년으로 성장하였다.
  어느날인가 조난당한 사람을 구하러 늙은 아버지가 바다로 간 뒤, 그는 뜻하지 않게 아버지의 손때가 묻어 있는 연장을 고스란히 물려받게 되었다. 그후 그도 그의 아버지처럼 모래톱에서 그렇게 늙어갔다.
  세월이 흘러 그가 더이상 일을 하기 힘들 정도로 쇠잔해졌을때, 그는 혼신의 힘을 기울여 새로 조그마한 배를 하나 만들기 시작했다. 드디어 배가 완성된 날. 그는 그 배에 가벼워진 자신의 몸을 싣고, 이제까지 바라보기만 하던 황혼이 붉게 물들어 있는 바다로 갔다.

해금을 켜는 늙은 악사

그의 손가락이 현 위에서 춤을 추자
한때 서늘한 기운을 뿜어내던
주름진 미간이 떨린다
두 줄 현 위에서 길을 잃은 것은 아닌지
죄었다 풀며 현 위를 구르는 소리가
그를 이 세상 밖으로 밀어낸 건 아닌지
그가 빠졌던 숱한 구렁
그 굽이에서 건져올리는 저 질긴 소리

굿판에 서지 않으면 온몸이 시름인
저 늙은 년의 굿에는 마른천둥이라도 불러야지
숨가쁜 북장단에 무당은
시퍼런 양날 작두 위에 서고
그는 한치 재겨 디딜 데 없는
두 줄 현 위에 서서 먼 곳을 본다

무거운 수레

　희고 긴 지팡이에 이어 오른발이, 그 다음엔 왼발이 조심스럽게 들어온다. 검은 선글라스에 모자를 푹 눌러쓴 채, 보이지 않는 삶의 안쪽에 지팡이부터 들이민다. 한걸음 나아가기 위해 땀을 뻘뻘 흘린다. 마치 짐을 가득 실은 수레를 끄는 사람처럼 느릿느릿 어둠속을 밀고 간다. 온 힘을 모아 나아가는 헐떡임이 목쉰 찬송가가 되어 퍼져나간다. 한발한발 조심스럽게, 그는 꼭 한걸음 앞에 펼쳐져 있는 어둠을 비켜감으로써 자신 앞에 내던져진 삶의 돌멩이들을 피해가는지도 모른다. 어둠의 눈이 되어 나아가는 지팡이, 등 뒤에 그는 한 수레씩 자신의 어둠을 부려놓는다.

왕거미

외줄에 매달려 허공에 집을 짓는
그는 줄타기의 명수
몸속의 진액과 땀으로 이루어진
지상과 수직을 이룬
높고 환한 곳에 있으므로
덫이 되는 집

그는 지금 몸을 동그랗게 오므려
잠을 자고 있다
그의 어깨에 매달린 가파른 허공

어둡고 후미진 구석에 몸을 숨긴 채
그는 언제나 등지고 돌아서서 기다린다
허공에 매달린 덫에 기대어
숨을 죽이고 덫을 지켜보는 것으로
그는 일생을 보낸다
그렇게 그는 자신이 쳐놓은 덫 위에서
조용히 까맣게 말라간다

비둘기

낡은 기계인형처럼 삐걱거리는 비둘기.
어느날부터인가 가지에 앉지 못하게 되고
쓰레기통 높이만큼도 날아오르기 힘들게 됐다.

죽은 자의 다리처럼 굳어가는 날개,
그러나 날지 못하게 되면서
새로운 것을 깨닫게 되는지도 모른다.
무리지어 짝을 찾고 알을 낳고 새끼를 기르던
조각조각 물어나르던 그 꿈들이 누더기라는 것.

잠시도 쉬지 않고 목을 쭉 뺀 채
종종걸음치며 달려가서
부리 끝에 찍어 확인하는 것인지도 모른다.
자신을 회색털의 누더기뭉치로 만드는 비루함을.

고래처럼 2

무엇이 내 몸속에서, 그토록 격렬하게
요동치는 것일까

심해의 캄캄한 동굴 속에 바위처럼 엎드려
때로는 파도 너머 푸른 물결을 가르며
어디엔가 그는 살아 있을 것이다

자신도 모르는 상처를 남이 보게 되는 것처럼
파도와 마주하면 보인다
솟구쳤다 곤두박질하는 저 파도 속에 사는 것은
상처……
그러나 거센 풍랑 뒤에
바다는 맑은 얼굴을 보여줄 것이다

파도를 가르는 바위처럼 단단하고
용암처럼 뜨거운 심장
나는 그 깊은 곳에 산 적이 있다

바닥에 누워 있는 사람

방금 그의 몸은 깨끗하게 씻겨졌는데도
지독한 쉰내가 난다. 그의 심장은 멎었다.

쓰러지기 전까지만 해도, 그는 부두에서
생선 상자들을 날랐다. 젊은 시절에는
공사판을 전전했고, 어릴 때에는
순전히 배를 채우기 위해 떠돌았다.

몸속을 채우고 있던 것이 발효하는지, 그는
뻘뻘 땀을 흘리듯 분비물을 쏟아내고 있다.
그를 아는 사람들은, 그의 고생은
끝이 났다고 말을 한다.

이제 그는 쉬게 될 것이다. 예전에 그가
포크레인 그늘이나, 냉동창고 옆
콘크리트 바닥에 쓰러져 죽은 듯이
깜박 낮잠을 잤던 것처럼. 끊임없이
굴러가는 거대한 수레에 몸을 맡긴 채.

밤의 얼굴

 때로 어둠은 사람들을 침묵하게 한다. 그리하여 먼길을 떠날 때에는 모두들 밤을 택해 간다.

 지나온 시간의 틈에 누군가 끼여 있다. 맞은편 플랫폼에 서서 나를 바라보는 것은 누구?
 한때 내가 가지고 있던 생략투성이의 지도를 지닌 누군가 나를 기다리고 있다.

늑대를 위하여

늑골에 구멍을 뚫고 더운 피 마시고 싶은
추운 밤
달 속을 꽉 채운 우우거리는 저 그림자
더 차오를 데 없는
둥근 어둠 한가운데에 나는 있지

큰 소리로 울며
절룩이는 무릎을 꺾어
발을 헛디딘 척, 절벽 아래로
몸을 던져버릴 수는 없지

이 빠지고 털 빠지고
몸속을 요동치는 더운 피가
돌덩이처럼 굳어져
땅속에 묻힐 때까지……

이 골짜기는 깊고도 깊어서
어둠이 파놓은 함정 같지

나는 이 높고 추운 골짜기에 사는 늑대
캄캄하게 아가리를 벌린
저 뱃속에 새끼를 기르지

열려 있는 창

창틀에 앉아 있던 잿빛 비둘기들이 날아올랐다.
그들이 사라진 창틀에 깊은 바다 같은 하늘이
푸르게 걸려 있다. 그 아래 사람들이
뒤뚱뒤뚱 흩어졌다 모이곤 한다. 그들은
앞만 보면서 열렸다 닫혔다 하는
미로 속을 위태롭게 걷고 있는 듯하다.

만삭의 여자가 창밖을 내다보고 있다.
그늘진 푸른 눈, 반쯤 열린 눈의
빈틈을 통해 자신에게 기대할 수 있는 인생이란
없다는 것을 본 듯하다.
허드렛일에 거칠어진 그녀의 손은
암초처럼 솟아오른 자신의 배 위에 올려져 있다.

그것은 순간이었다. 의자에 앉아 있던 그녀가
몸을 일으킨 것은.
나는 반대편 창문 벽에서 누군가
나를 보고 있는 것을 보았다.

고개를 옆으로 한 채
푸른색 빈틈으로 남겨진 눈의 여자,
만삭의 배를 안고 있는 잔느 에뷔테른.*

　* 모딜리아니의 그림. 잔느 에뷔테른의 초상.

천사라 불리는 것

  내셔널 지오그래픽 카메라에 심해의 제일 밑바닥에서 긁어낸 생물이 잡혔다. 존재를 드러내지 않았던 그들에게 과학자들은 에인젤이라는 별명을 붙여주었다.

  지옥에 있는 천사?

  생명이 견딜 수 없는 압력 속에서 에인젤은 뼈도 없이, 아가미도 허파도 없이 날개를 단 듯 하늘하늘 유영한다. 어둠이 지나가는 투명한 몸으로, 텅 빈 천지간을 채우는 눈송이처럼.

해설

돌아갈 수 없는 아름다운 세상 들여다보기

양애경

  김수영의 시를 읽으면 추억어린 보물(그것은 또 새살림에 밀려난 고물들이기도 하지만)로 가득 찬 다락방을 들여다보는 것 같다. 세상일에 모두 흥미를 잃은 어느날 몇년 만에 다락에 올라 '옛 노트, 1970~80' '○○의 여름옷' 따위의 글이 매직으로 겉면에 써 있는 종이박스를 여는 것과 같다. 새 연인에게 실망과 짜증을 느낀 어느날, 까마득히 잊혀져 살아 있는지 죽었는지조차 확인할 수 없는 옛 연인에게서 온 연애편지 다발을 풀어 한장 한장 들여다보는 기분 같다.
  '보물이지만…… 잊혀진' 그 세계들은 이제 그 시절보다 성숙하긴 했지만 세상의 때가 묻고 지친 우리에게 과거가 '낡고 극복되어진 어느 시절'이 아니라 아직도 우리 안에 살아 있는 무엇이라는 것을 느끼게 해준다. '현재의 나'는 '과거의 나'와 다른 사람이 아니라는 것을 생각나게 해준다.
  사실 문학을, 특히 시를 읽는다는 것은 시인의 내면 들여다보기이다. 그러므로 특별히 어떤 시인의 작품에 관심을 가지고 몇번이고 읽는다는 것은, 일종의 관음증적 쾌감을 준다.

인간은 얼마나 많은 보물을 그 정신과 정서의 우물 속에 숨기고 있는가. 그리고 인간은 얼마나 누군가 의미있는 사람이 그것을 발견해내주기를 원하는가.

몇번 모임에서 만난 김수영 시인의 수수한 뿔테안경 뒤의 순하고 큰 눈, 정이 많을 것 같은 입술, 빠르지 않은 말투, 이런 것들에서 읽어낸 것들은 많지 않았다. 하지만 나는 이제 그녀에 대해서 아는 게 결코 적지 않은 것 같다.

김수영의 이 시편들 속에서 독자들이 들여다보게 될 것은 크게 두 가지일 것 같다. 하나는 가족에 관한 추억, 그리고 두번째는 그녀의 유년과 관계된 상징적 내면공간인 '물속'에 들어가기이다.

1. 가족의 초상(肖像)

시집을 펼치고 처음 눈이 멈춘 시는 「팔걸이가 있는 낡은 의자」였다. '낡아서 나들거리는 진분홍 우단, 삐걱거리는 너도밤나무로 만든 몸통'을 지닌 낡은 의자에 어머니가 앉고, 젖먹이 동생은 무릎에 앉히고, 양 옆에 형제들을 세우고 있는 장면의 묘사가 이 시의 대부분을 차지한다.

그러면서 시인은 다음과 같이 노래한다.

    그 의자에 앉아 나는 그리워한다
    오랫동안 서서히 건조시켜
    돌처럼 단단해진

흔적으로 남은 생의 한 순간
　　　——「팔걸이가 있는 낡은 의자」 부분

　이 시에서 시인이 말하고 있는 것은 "나는 그리워한다" "흔적으로 남은 생의 한 순간"이라는 한 줄의 술회뿐이다. 하지만 우리는 여기서 많은 장면과 의미들을 떠올릴 수 있다. 아마도 그 의자가 새 것이고, 어머니가 젊고, 형제들은 각기 많은 꿈을 지닌 청소년이었던 시절을 그녀는 그리워하는 것이리라. 그 시절 한컷의 가족사진을 찍을 때(혹은 한장의 사진처럼 시인의 마음에 인상이 각인되었을 때) 결코 알 수 없었던 것은, 바로 나중에 이 시절을 삶에서 거의 유일하게 행복했던 순간으로 그리워하게 될지도 모른다는 점이었을 것이다.

　그렇다. 그 시절 과거에서 현재의 당신이 되기까지, 그리 오랜 세월이 필요치 않았다.(실은 오랜 세월이 흘렀지만 당신은 그 시간 전체를 기억하고 있을 수 없다.) 그러면서 그 시절은 돌아갈 수 없는 과거 먼 저쪽에 있게 되었다. 그리고 오랜 시간이 흐르는 동안 그 행복했던 순간은 점점 단단한 추억으로 굳어져왔다. 왜냐하면 자라가면서 그만큼 행복하고 만족스러운 순간들은 아주 적었기 때문이다. 충분히 의지할 수 있을 만큼 어머니와 아버지가 젊었고, 세상이 결코 만만치 않아 마음에 담은 꿈을 실현시킬 수 있는 기회란 그리 많지 않다는 것을 알게 되기 전의 형제들과 자신의 모습.

　따뜻한 과거에 대한 추억을 한장의 사진이나 그림처럼 한편의 시 안에 넣어 고정시키는 김수영 시인의 언어 솜씨는

대단하다. 그러나 그것은 물론 언어적 기교가 아니라 그녀의 혈연에 대한 애정이 요즘 시대로서는 드물 만큼 강하다는 데 기인할 것이다. 시인은 자신이 운명적으로 가족의 일원임을 몇번이고 확인한다. "내 눈은 할머니 눈을 닮았고, 이마는 할아버지를, 발가락은 꼭 증조할아버지처럼 벌어져 있다"고 그녀가 「밤의 이야기」에서 노래했듯이.

그녀는 가족사를 담은 작품을 많이 썼는데, 그 대표적인 것이 '오동나무 장롱' 연작 일곱 편이다. 이 연작의 제재가 된 오동나무 장롱은, 딸을 낳으면 오동나무를 심고, 그 밑동에 그 아이의 태를 묻으며, 나중에 아이가 자라 시집갈 때에는 그 나무를 베어 장롱을 해 보낸다는 옛 습속과 관련되어 있다.

내가 자는 작은방 머리맡에는 오동나무 장롱이 하나 있다. 장롱을 만든 나무는 할머니의 태를 묻은 나무로 할머니의 할머니가 뒤뜰에 심은 나무였다. 베어져서 오랫동안 그늘에 마른 뒤 대패에 몸을 맡겨 뒤틀리고 무른 자리 다 깎여나간 채, 결 고운 오동나무 장롱이 되어 할머니가 시집올 때 우리집에 실려왔다. 이불장과 큰 서랍 두 개 작은 서랍이 세 개인, 아버지보다도 나이를 더 먹은 장롱은 아직도 내 머리맡에 서 있는 것이다.

언젠가 내가 아무도 몰래 장롱 속으로 기어들어가 긴 꿈을 꾸며 잠이 들어버리는 통에 집안이 발칵 뒤집어지기도 했다. 다음날 꿈 이야기를 하자 할머니는 말없이 웃으셨다.

혼자 있을 때 장롱을 뒤지며 노는 내게 장롱은 오래된 향기와 빛으로, 할머니와 할머니의 어머니, 할머니의 할머니, 이미 이 세상에 없는 늙은 여자들의 이야기를 해준다.
──「오동나무 장롱 1」 전문

낡은 오동나무 장롱 한채에 이 집안 여자들의 모든 내력이 담겨 있다는 것이다. '유난히 검푸른 머리칼'의 유전이나, 임신과 출산에 얽힌 추억들, 안방 살림살이에 대한 것들 등, 이 '오동나무 장롱' 연작은 가족의 풍속과 사연을 담담하게 담고, 거기에 대한 시인의 논평은 극도로 제한하는데, 그래서인지 마치 백석(白石)의 시 같은 느낌이 난다.

반짇고리, 오래된 비단옷들, 염주, 가위와 실패와 바늘쌈, 골무 등의 아기자기한 소재들을 제시하면서 대를 이어 여자로서의 삶을 가르치는 한두 마디 지혜로운 말들이 있는 이 시들을 보면, 왜 김수영 시인에게 가족과 모성(母性)이 그처럼 중요한 것인지 짐작할 수 있다. 할머니─어머니─딸─손녀로 이어지는 삶의 승계와 애정의 승계 속에서 모성도 학습되고 계승되는 것이다. 사랑을 많이 받아본 사람만이 사랑을 줄 수 있다는 말도 실감이 난다.

김수영 시에서 모성은 매우 중요한 테마다. 시 「감자」에서는 아파트 화단 한구석에 버려진 감자가 썩어가면서 감자싹을 밀어올리고 있다. 이 감자싹들이 잘 자랄 가망은 전혀 없어 보인다. 그때 "저승꽃이 만개한 할머니" 한 분이 이 감자싹들 있는 곳에 앉았다 가는데, 그 자리에는 '몽당숟가락'이 하나 꽂혀 있다. 할머니는 아마도 그 감자싹들에게 (적당히 흙을 덮어준다든지) 꼭 필요한 일을 해주셨을 것이다. '이제 감자는 안심하고 썩어 튼실히 뿌리를 내리고 유월이면 감자 꽃을 피울 것이다'라고 시인은 노래한다.

  모성은 어린것들에 대한 무조건적인 애정을 가진다. 그것이 자기 밭의 식물이나 자기 혈육이 아니더라도 본능적으로 돌본다. 또한 이 시 속에서 버려진 감자가 썩어가면서 썩은 살에서 싹을 틔우고, 살 날이 얼마 안 남은 할머니가 감자싹을 살리는, 이러한 죽음과 삶의 공생관계는 은은한 감동을 준다. 아울러 김수영 시인의 장기인 묘사 솜씨는 '몽당하고 통통한' 감자싹들과 '쪼그라든 알머리의 할머니'를 생생하고 유머러스하게 대조시켜 보여준다.

  「고목나무샘」에서는 모성의 위대한 힘이 더욱 감동적으로 표현되어 있다. 수백년 된 고목은 이미 죽었는데도 뿌리에 옹달샘을 품는다. 그래서 죽은 나무둥치에 이끼와 버섯, 벌레 같은 것들이 깃들여 산다. "나무는 오래 전에/죽어버렸지만,∥샘은 그 목마른 뿌리를/기억하고 있"어서 뿌리 근처에 물을 고이게 하고, 나무는 죽은 자신의 몸에 그 물을 받아들여 생명을 품고 있다는 것이다. 자연의 생명에 대한 사랑은 신비로울 만큼 강한데, 김수영 시인이 그것을 볼 수 있는 것은 자신도 풍부한 모성을 품고 있기 때문일 것이다.

  그리하여 딸이었던 시인이 어머니가 된다. 「무서운 똥」에서 김수영 시인이 자기 아기의 똥을 가지고 쓴 작품은 정말 재미있다. "고슴도치도 제 뭐는 어쩐다고" 똥을 싸도 내 새끼라 귀엽기만 한데, 그 아기가 제일 힘들어 하는 일은 똥을 몸 밖으로 밀어내는 일이라는 것이다. 그리고 그 똥은 아기가 먹었던 음식을 그대로 보여준다.

간혹 바짓가랑이 사이로 빠져나온 똥이 장난감 더미 속에 지뢰처럼 숨어 있기도 한데, 토마토를 먹으면 빨간 똥, 포도알을 껍질째 삼키면 까만 똥. 참외는 공이 아닌데 던지기하며 가지고 놀다 그것을 먹은 다음날은, 주먹밥 같은 된똥에 고명처럼 참외씨가 박혀 있다.

어느 날인가 혼자서 기저귀를 빼서 놀다가 그만 그것이 헐렁한 가랑이 사이로 훌렁 흘러나왔다. 세상에, 조그만 아기가 저렇게 큰 똥을!

——「무서운 똥」부분

아기의 것은 똥이라도 장하고 귀엽기만 한 엄마의 마음이 미소를 짓게 하거니와, 그 똥의 내용물을 그리 꼼꼼히 들여다보는 것도 아기의 건강을 생각하는 엄마의 맹목적인 애정 없이는 불가능한 일이다. 그런데 큰 똥을 세 덩이나 빼낸 아기는 똥을 내려다보다가 놀라서 울기 시작한다. 자신의 몸에서 나온 것으로는 너무나 컸기 때문에 무서워진 것일까.

시인은 "먹은 만큼 먹은 대로 나오"기 때문에 똥이 무섭다고 말한다. 이것은 사회적인 풍자의 의미가 있는 것일까? 그럴 수도 있겠지만 여기에서는 거기까지 확대해석할 필요는 없을 것 같다. 아기의 똥을 빌려 그녀가 세상의 모든 일의 결과가 이처럼 정직했으면 하고 말하고 있는 것일 수도 있겠지만, 역시 이 시의 핵심은 아기에 대한 무조건적인 사랑이기 때문이다.

2. 물속 들어가기

그런데 위의 가족과 모성에 대한 시는 김수영 시인의 시세계 중 밝고 따스한 부분에 속한다. 그녀에게는 다른 하나의 세계가 있다. 어둡고 서늘한 물의 세계다. 그녀는 많은 작품에서 물의 이미지를 사용하고 있고, 어린 시절 연못, 우물 등에 빠졌던 경험들을 말하고 있다. 물과 불 같은 강렬한 인상을 주는 현상 앞에서 사람들은 홀리는 듯한 감정에 빠진다. 바슐라르가 『초의 불꽃』과 『물의 몽상』에서 지적한 것처럼 정도의 차이는 있어도 그것은 인류 공통의 천성인 것 같다. 그래서 종종 분신자살은 유행이 되고, 물빛이 유난히 아름다운 절벽은 투신자살의 명소가 되기도 하는 것이 아닐까.

개중에는 물에 더 잘 홀리는 사람과 불에 더 잘 홀리는 사람이 있는 법인데, 그녀는 물에 홀리는 사람인 것 같다.(나는 불에 더 잘 홀린다.) 그리고 김수영 시인의 경우 그 '홀림'은 '신들림'이라고 여겨질 만큼 특이하게 강하다. 그녀는 왜 물속, 그 밑바닥까지 들어가보고 싶어하는 것일까? 즉, 우물, 연못, 강, 늪지 같은 장소는 그녀에게 왜 유혹적이 되는 것일까? 그녀는 그 물속에서 무엇을 찾고 있는 것일까?

물의 이미지를 다룬 일련의 이 작품들 속에서 단연 돋보이는 작품으로는, 낚시하는 아버지를 그린 따뜻하고 몽상적인 시 「물속의 달」과, 군더더기 없이 명쾌하게 물의 속성을 그린 「용소(龍沼)」를 들 수 있다.

「물속의 달」은 '늙은 아버지'와 '아버지가 놓아준 늙은 잉어'가 평화롭게 공존하는 밤의 연못을 그리고 있다. 그리고 이러한 공간과 시간이야말로 시인이 꿈꾸는 조화로운 세계인 듯하다. 풍부한 물, 사랑하는 아버지, 달빛으로 인해 환해진 평화로운 물속. 그러나 물론 이러한 세계는 지상에 존재하는 세계가 아니라 상상 속의 세계라고나 해야 할 듯하다.

> 이런 밤이면
> 연못 속에서 찌륵찌륵 울던
> 늙은 잉어, 아버지가 놓아준
> 그 잉어
> 아버지의 잠을 빌려
> 만월 속을 헤엄치는 꿈
> 그 환한 꿈을 꾸느라 은비늘들
> 고요히 떨릴 것이다
> ──「물속의 달」부분

아버지의 낚시에는 살육의 냄새가 없다. 늙은 잉어와 늙은 아버지는 동일시되고, 잉어가 아버지의 잠을 빌려 만월 속을 헤엄친다는 건, 기실 아버지가 잉어의 몸을 빌려 물속의 꿈같이 조화로운 세계를 경험하는 것과 같다. 그리고 아버지의 꿈을 빌려 시인은 자신의 조화로운 세계를 꿈꾼다.

「용소(龍沼)」에서 우리는 그녀의 내면에 숨어 있는 강렬한 '물에 대한 회귀' 의식을 보게 된다. 용소란 화강암의 갈라진 틈으로 산의 수맥이 분출하는 것으로서, 신비하고 깊이 모를 물의 근원이다.

구불구불한 어둠의 속을 통과한,

　저 물의 지옥이
　내 마음속 이무기를 깨워놓았다.
　　　　　　　　　　──「용소(龍沼)」 부분

　그녀는 용소를 '물의 지옥'이라고 부른다. 그 근원이 측량할 수 없을 만큼 깊은 산맥의 지층 어딘가를 통과해온 물이기 때문이다. 그리고 그 검푸른 물은 시인의 '마음속 이무기를 깨'운다. 이무기는 용이 되어 비상(飛翔)할 날을 꿈꾸면서 수천년, 수만년을 용소의 물 밑에 잠겨 꿈틀거리는 어두운 존재이며, 그 어두운 정열과 좌절은 시인 자신과 동일시된다.
　그렇다. 김수영의 '물에 대한 회귀(回歸)'는 여러 편의 시에서 반복해서 나타나는 중요한 상징이다. 그녀는 밖에서 바라만 보고 있는 것이 아니라 물 안으로 끌려 들어간다.

　나를 잡아끌던, 우물 속의
　그 구렁이는 어디로 갔을까
　우물 저 깊은 데서 친친 또아리를 틀고
　잠들어 있던 검은 구렁이
　　　　　　(…)
　우물 속으로 빨려들어가는 나를
　겨우 잡아챈 건 뒷집 육손이 아저씨

할머니 어머니, 밤새 나의 몸을
바늘로 따 붉은 피를 내고
염불을 외고, 향을 사르고……
　　　　　　　——「우물 속의 구렁이」 부분

　그녀는 우물에 빠질 뻔한 경험을 가지고 있는데, 그것이 우물 속의 구렁이가 빨아들였기 때문이라고 기억한다. 우물의 습하고 음한 기운이 그녀를 끌어들였다는 것이다. 실상 그것은 그녀가 물에 홀렸기 때문인데, 그것은 물속 깊은 곳에 그녀의 피를 부르는 무언가가 있기 때문이다. 이러한 경험들은 전통적 풍속과 어울려 무속적(巫俗的)인 분위기를 조장하기도 한다.
　물—어둠—달—음기로 이어지는 일련의 이 물 이미지들은 전통적인 여자의 삶을 상징하는 것인지도 모른다. 이 시에서 시인은 "우물에 빠져 죽으면 나도 큰 뱀이 될 것 같"았다고 그때를 술회하고 있는데, 옛 설화에서 뱀은 거의 언제나 한을 품고 죽은 여성의 화신으로 묘사되고 있다. 「한여름」에서 마흔 나이에 늦둥이를 낳고 몸살이 난 어머니는 먹구렁이로 담근 술을 먹고 젖이 돌아 살아나는데, 그것은 여성의 근원이 되는 음기(陰氣)가 보충되었기 때문일 것이다.
　그러나 김수영 시인의 시에서 물의 이미지들은 여성성의 근원인 물의 음기만으로 다 설명되지 않는다. 깊은 물의 미지의 내면은 그녀에게 본질적인 근원의 장소로 인식된다. 예를 들어 「고래처럼 2」에서 그녀는 고래가 사는 깊은 바다를 그리워하며, "나는 그 깊은 곳에 산 적이 있다"라고 단언하고 있다. 마치 전생의 기억을 되살린 듯 깊은 물속에서 자신이 왔다고 단언하는 이 목소리는 그녀의 물에 대한 집착을 많은 부분 설명해주고 있는 듯하다. 다시 말해서 그녀는 '물 깊은 속'을 자신의 생명의 근원지로 무의식적으로 여기고 있다는 것이다. 그렇다면 그녀가 어린 시절 연못이나 우물에 끌려 들어갈 뻔한 경험을 했던 것도 설명하기 쉬워진다.

그리고 보면 '물'은 김수영 시인이 다른 세상으로 비상하기 위해 선택한 통로인 듯하다. 물 밑으로 밑으로 내려가는 이유는, 역설적으로 거기에 그녀가 가고 싶어하는 세계(천상?)로 가는 또다른 문이 준비되어 있을 것 같기 때문이다. 그렇다면 김수영 시인의 '물'은 비상을 위해 준비된 통로를 상징한다.

「화석」에서 그녀가 "나는 연한 깃털이 자라나는/꿈을 꾸던 알이었다/속을 가득 채우고 있던 물기가/말라버렸다"라고 말한 것은 그래서 이해가 가능해진다. 새가 되어 비상하기를 꿈꾸던 알이 그 상태로 화석이 되어버렸을 때, 알은 물기가 말라버렸고, 당연히 부화될 수 없다. 물은 생명을 유지시키는 최초의 조건이기 때문이다. 그러므로 물은 그녀가 다른 세계로의 비상을 꿈꾸며 살아가기 위한 생명유지 장치의 역할을 하고 있는 것이다.

그렇다면 그녀의 상상 속의 내면공간인 물속에서 시인 자신은 어떤 모습으로 존재하는 것일까? 그것은 어쩌면 시「천사라 불리는 것」에서 그녀가 말했듯이 내셔널 지오그래픽 카메라에 잡힌 심해의 제일 밑바닥에 산다는 생물인 '에인젤' 같은 존재일 수도 있다. 에인젤은 '천사'란 뜻인데 그렇다면 그것은 '지옥에 있는 천사'란 말인가? 라고 그녀는 시 속에서 반문한다.

　생명이 견딜 수 없는 압력 속에서 에인젤은 뼈도 없이, 아가미도 허파도 없이 날개를 단 듯 하늘하늘 유영한다. 어둠이 지나가는 투명한 몸으로, 텅 빈 천지간을 채우는 눈송이처럼.
　　　　　　　　　　―「천사라 불리는 것」부분

압력이 높은 그 심해의 '물의 지옥' 속에서 온몸에 뼈도 내장기관도 없는 에인젤은 하늘하늘 유영한다. 에인젤은 그래야만이 그 무지막지한 압력 속에서 살아낼 수 있다. 이것은 어쩌면 그녀 자신의 모습일지도 모른다. 결코 만만치 않은 삶의 무게를 짊어지고도 그 압력에 굴하지 않고 심해를 헤엄치는 '천사라 불리는' 심해생물의 모습.
　어디 김수영 시인뿐이랴. 이 시대의 시인으로, 그것도 여자로 태어나서, 다른 세상을 꿈꾸고 자기만의 노래를 부르며 헤엄치려면, 삶의 절대적인 중압감을 견뎌내지 않으면 안되리라. 그 압력에 터져나가지 않기 위하여 내장도 뼈도 포기하고 창백하게 투명해진 채로라도 유영해야 하지 않겠는가.

　우리는 이제까지 이 시들을 읽으며 김수영 시인의 따스하고 밝은 추억들과 서늘하고 어두운 추억들을 들여다보았다. 밝은 쪽은 가족의 따뜻한 애정과 죄 없었던 유년시절의 기억이며, 어두운 쪽은 그녀의 물에 대한 홀림―그것은 닿을 수 없는 이상세계를 향한 홀림일 것이다——이다. 어느 쪽이든 그녀의 소중한 내면세계의 풍경일 것이며, 독자인 우리도 우리 나름대로의 아름다운 추억과 악몽을 우리 마음 어느 구석에 간직하고 있다.

시 「오래된 여행가방」에서 김수영 시인은 속삭인다. "추억이란 갈수록 가벼워지는 것. 잊고 있다가 문득 가슴 저려지는 것"이라고.

이 시집 원고를 읽으며 나는 그 말이 무슨 화두처럼 마음을 붙잡는 것을 내내 느낀다. 아무리 행복했던 순간이라도, 아무리 충일했던 경험이라도 그 기억은 시간이 흐를수록 가벼워진다. 쉽게 그 추억들을 놓치지 않기 위하여 우리는 사진첩을 정리하고 메모를 하고 일기를 쓰고 사진을 찍고…… 그리고 기념품들을 간직한다.

그러다 어느날 알게 된다. "나는 혼자이고 이제 어디로든 다시 돌아갈 수 없다는 것을." 김수영 시인처럼 한 남자의 아내이며 사랑하는 아이의 엄마임에도 사람은 영원히 혼자이며 과거의 조화로운 순간으로는 다시 돌아갈 수 없다는 것을 깨닫게 되는 것일까.

이 시들이 그렇게 슬픈 시들이 아님에도 자꾸 슬픈 생각이 드는 것은 왜일까. 시인인 그녀나 그녀 시의 독자인 우리가 모두, 인간이라는 한정된 존재로서, 돌아갈 수 없는 아름다운 세상을 마음속에 지니고 있기 때문은 아닐까.

시인의 말

  그 속을 들여다보면 무척 깊어서 늘 캄캄해 보이던 마당가의 우물, 새벽마다 단정히 머리를 쪽찌고 앉아 염불을 외우시던 할머니, 십년 넘게 할머니 기척을 그림자처럼 따라다니던 늙은 고양이 살찐이와, 천장 위에 살던 꼬리가 긴 곰쥐들이며, 할머니가 돌아가시자 집을 나가버린 살찐이의 새끼들……
  나는 아직도 북마산역 기찻길을 따라 북쪽으로 길게 뻗어 있는 붉은 철대문집에 살고 있다. 하루종일 우물 속을 들여다보거나, 어두운 방안에서 장롱 속이나 뒤지며 놀던 고집 센 대여섯살짜리 그 계집애처럼 눈을 깜박이며.
  동네 사람들이 길어다 먹던 우물은 두레박으로 아무리 퍼올려도 마르지 않았다. 그동안 나를 키워준 것은 우물과도 같은 마르지 않는 존재들이거나, 세월이 흐를수록 어두운 기억 저편에 웅크리고 더욱 또렷이 나를 바라보는 살찐이나 곰쥐들인 것 같다.
  이번 시집의 많은 부분은 그동안 나를 키워준 것들을 퍼올린 느낌이다.

2000년 가을

김 수 영

창비시선 201
오랜 밤 이야기

초판 1쇄 발행/2000년 12월 5일
초판 3쇄 발행/2012년 2월 16일

지은이/김수영
펴낸이/강일우
책임편집/고형렬 김성은 염종선
펴낸곳/(주)창비
등록/1986년 8월 5일 제85호
주소/413-120 경기도 파주시 회동길 184
전화/031-955-3333
팩시밀리/영업 031-955-3399 · 편집 031-955-3400
홈페이지/www.changbi.com
전자우편/literat@changbi.com

ⓒ 김수영 2000
ISBN 978-89-364-2201-1 03810

* 이 시집은 문예진흥원의 창작지원금을 받아 간행하였습니다.
* 이 책 내용의 전부 또는 일부를 재사용하려면
  반드시 저작권자와 창비 양측의 동의를 받아야 합니다.
* 책값은 뒤표지에 표시되어 있습니다.